地方自治ジャーナルブックレット No.65

通年議会の〈導入〉と〈廃止〉

—長崎県議会による全国初の取り組み—

松島　完
（長崎県議会議員）

公人の友社

目　次

まえがき

議会改革の取り組みの中で、近年、通年議会の導入が注目をされている。長崎県議会は、２０１２年3月、都道府県としては全国初で通年議会を導入した。そのフロントランナーであった長崎県議会が、２０１４年2月、通年議会の廃止を決定した。この廃止というのは、都道府県だけでなく市町村も含めて全国初であろう。全国初で通年議会を導入し、2年を経て、全国初で廃止をしたこととなる。

全国初で導入し、全国初で廃止したことに、各方面から驚きと疑問の声が上がった。本書は、それらの疑問の声に応えるとともに、この一連の経緯を記録し、長崎県議会史に残すことを目的としている。全国の議会関係者へ可能な限りの情報を届けたいと考えている。

本書は四部構成としている。第一部として、「全国初〝通年議会〟の導入へ」と題し、導入へ至った経緯や通年議会そのものについて言及している。これは、早稲田大学マニフェスト研究所（北川正恭所長）議会改革調査部会編著『あなたにもできる議会改革―改革ポイントと先進事例―』第一法規株式会社（２０１４）の中で、私が２０１３年に通年議会について書いた記事をもとにしている。

第二部として、「全国初、通年議会の廃止へ」と題し、廃止に至った経緯をその背景から述べている。また通年議会の廃止理由とそれに対する反論も述べている。これは、政治と選挙のプラットフォームである「政治山《せいじやま》」というサイトに、私が緊急寄稿として２０１４年３月に書いたものをもとにまとめている。

第三部は、「全国初、いや世界初か：通年議会の廃止へ（地元発信版）」と題して、第二部の内容を口語体にして、よりわかりやすくしたものである。これは、私が発行している政務活動報告新聞の第16号（２０１４年３月）に特集として載せたものをもとにしている。

第四部が、「〝全国初となる通年議会の廃止〟から見る地方政治」と題し、通年議会廃止後の長崎県議会の動向について述べ、最終的には、分権時代の地方政府について考察している。これは、議員のための情報誌である第一法規株式会社の『議員ＮＡＶＩ』vol.44（２０１４年）に掲載されたものをもとにまとめている。

総じて、通年議会について私が各方面で記述したものをまとめたものが本書である。議会機能を強化する過程で、通年議会の導入は大きな一歩となる。都道府県議会でも市町村議会でも、これから通年議会の導入が波及していくことが考えられるが、全国初であろう長崎県議会の廃止劇を記録した本書が、読者の皆様の一助となれば幸いである。

第一部　全国初[1]、〝通年議会〟導入へ

痛念議会から

「痛念議会？なんだか痛そうだな。」そんな言葉から始まった。「通年議会とは、年間を通じていつでも議会を開けるようにするものです。」と私が説明すると、一蹴された。「そんなことができるか！」と。

これは、議会基本条例の制定に向けて議論をしているときのやりとりで、その条例の中に記載する〝議会の会期〟について話しているときに出てきた議員同士の会話である。長崎県議会で初めて、「通年議会」という言葉が出てきたのが、議会基本条例の制定過程のときである。議会基本条例の条文案の中に、「通年議会の導入」を盛り込んだところ、議員の中で、驚くぐらい袋叩

1　都道府県での通年議会導入が全国初であるという意味。

きにあった。次の会合で、私はその言葉を素案の中から抹消した。
抹消したのになぜ導入へとつながったのか。抹消から導入までの道のり、そして導入からこれまでについて述べたいと思う。

痛念議会から通年議会へ

抹消と小沢一郎の存在が通年議会の導入を可能にした。「通年議会」という言葉は、多くの議員にとって、さぞかし刺激的であったのだと思う。会合で初めて「通年議会」という言葉を出したとき、袋叩きにあい、そう痛感した。直感で、通年議会を議論していると、これは議会基本条例そのものの制定も危ういと感じた。そのため、議会基本条例の素案の中の、「通年議会」という文言を消し、ひとまず沈静化を図った。

結果、議会基本条例と通年議会を別個で議論するような形になった。これが、幸いした。別枠議論の開始によって、議会基本条例はどんどんと収斂されていき、一方で通年議会は議論が白熱して反対論が過半数を占めてきた。議会基本条例は、多くの議論を生み、当初は反対していたベテラン議員の方々も、会合を重ねれば重ねるほど、各々がアイデアや意見を出し始め、賛同に回り出していた。物議を醸す項目は、それだけを別個にして議論することが、物事を進める一つの手法だと思われる。

議会基本条例の順調な積み上げとは対照的に、通年議会の導入へ懐疑的な議員は過半数を占めた。逆転導入へつながったのは、長崎県の小沢一郎の存在である。私は、小沢一郎氏の手によって非自民による政権交代が二度起きたと考えているが[2]、その剛腕と同じような存在が、長崎県議会の中にもいる。その剛腕議員の一言がきっかけだった。議員間討議では、もはや通年議会は断念かという空気が流れているときだった。「公開討論会をやろうじゃないか。県民の方々を呼んで。」と。公開討論会[3]は、長崎市会場（１５０名参加）、佐世保市会場（１３０名参加）、大村市会場（３４０名参加）で開催した。参加した県民の方々の意見は辛辣であった。「議会は何をやっているのか、議員はもっと働け」「改革待ったなし、議員はもっと勉強しろ」「選挙活動ばかりに力を入れるな、もっと全体のことを考えろ」これら県民の方々の声によって、懐疑派議員の風向きが変わった。

通年議会の導入

「24対20」の僅差の勝利であった。平成24年３月、通年議会の導入が可決された[4]。24名の内訳は、

2　日本新党の細川総理を頂点とした連立政権のときと、民主党政権のとき。ともに非自民政権。

3　「通年議会にかかる意見交換会」と称し、通年議会の導入の可否について、対立する議員間の討論を県民の皆様の前で実施し、県民の方々から直接意見を聴取した。

4　平成24年２月定例会閉会日（平成24年３月16日）に議決された。定例会の回数を年１回とする「長崎県議会定例会条例案」が提出され、賛成多数で可決された。

われわれ連立会派[5]の22名と、1人会派である共産党と無所属議員の方の計2名である。同日、可決された議会基本条例は全会一致であったが、通年議会の導入については、自民党と公明党の計20名が反対をした。

「地域活動の制約」という理由が主たる反対理由であった。無論、地域（選挙区）での活動は、地域住民の方々の声を聴き、現場を調査する上で、とても大切である。しかし、そこに比重をかけ過ぎると、いわば議会活動なしで選挙活動のみの議員となってしまい、それが公開討論会で県民の方にご指摘いただいた「議員は選挙活動ばかりするな」の非難の声になっている。

通年議会は、３６５日議会を開くというわけではない。よく勘違いを生むが、そもそも通年議会は審査日数を増やすことと同義ではない。首長が一度招集した後は、いつでも議長が議会を開くことができる、ということである。いつでも迅速に議会を開くことができ、いつでも迅速に議会を開けるということは、いつでも迅速に民意を反映させる場をつくることができる、ということである。結果、このことが、審査日数の十分な確保につながるということである。

確かに、通年議会によって、議会活動が活発になれば、〝議員個人〟の地域活動は前より減るかもしれないが、参考人制度の活用、委員会による現地調査、移動委員会等、充実した議会活動によって、〝議会としての〟の地域活動は増やすことができるのである。議会として県民の方々の目に見える活動を実施していかなければ、いっこうに議会への信頼は高まらないだろう。議会の存在感が高まらなければ、議会不要論は高まるばかりである。

通年議会で何が変わったか

端的に言うならば、通年議会の導入によって、長崎県議会は、二つの〝アップ〟を手にした。議会活動のパワーアップとスピードアップである。通年議会の導入によって、いわば、議長が議会の招集権を得た。このことが意味することは、首長側（執行部側）ではなく、議会が議会の主体性とスピードを持って、議会を開会することが可能となったということである。本来的に考えるならば、なぜ首長が議会を招集できて、議会の長たる議長が招集できないのか疑問であるが、執行機関が圧倒的に強く、議会側が追認機関としての機能しか果たしていないという議会従属的な歴史が根っこにある気がしてならない。

また、通年議会の導入によって、長崎県議会と長崎県の執行部の間には、緊張感が生まれた。これは、私自身も肌で感じている。これまで、議会の閉会中は、議会活動は事実上、停止していた。閉会中は、議員は各々の地域で選挙活動に勤しむ。議会の閉会中、執行機関は、事実上、議会の存在をほとんど気にせずにいられた。それが、通年議会を導入し、議会の監視が強化された。それは、「執行機関を常に見ているぞ」「いつでも議会は開けるし対応できるぞ」という見えない

5　全国初であろう大連立の会派。自民党（当時）の一部、民主党、社民党、そして私のような無所属議員が政策による連携を図り、連立会派を結成した。震災復興対策、議会改革、地域主権、この三つの推進による政策協定を結んだ。

表１：通年議会導入前後の比較表

	従前	導入後
定例会	年４回招集 （2 月、6 月、9 月、11 月） ※ H23 の会期日数が 98 日間	年１回招集 （5 月～翌年３月） ※ H24 は、5 月 23 日 ～ 3 月 22 日で会期日数が 304 日間 補足）5 月に開会し、6 月、9 月、11 月、2 月に「定例月議会」を開催し、その他、必要に応じて、「緊急議会」を開催する。
一般質問	1 議員につき年間 1 回のみ	希望者は、年間 2 回も可能（ただし、任期中の 1 年間に限り）
常任委員会	1 委員会あたり、定例会ごとに 3 ～ 4 日間開催	1 委員会あたり、定例月議会ごとに 10 日間開催

メッセージを執行部に送っているに等しく、緊張感が生まれた。このことは、行政サイドの襟を正すだけでなく、議員サイドにも、議会人として襟を正す一因となっている。もはや、談合議会ではない。議会側も執行部側もよりいっそう県民の皆様への説明責任が増し、働く汗が目に見え出したように感じる。

　さらに、通年議会の導入とともに、一般質問の回数増と委員会の審査日数増を行った。一般質問はこれまで、1議員につき年間1回のみだったのが、年間2回も可能とした。常任委員会の審査日数は3～4日だったが、委員会審査を重視するために、これは10日間へ拡大した（**表1参照**）。

表2：環境生活常任委員会の流れ

（2013年2月定例月議会）

月日	審査内容	関係部局
3月4日（月）	委員間討議 議案審査等	委員間討議 土木部
3月5日（火）	現地調査	
3月6日（水）	議案審査等	土木部
3月7日（木）	議案審査等 集中審査	土木部
3月8日（金）	議案審査等	交通局
3月11日（月）	議案審査等	県民生活部
3月12日（火）	議案審査等	県民生活部
3月13日（水）	議案審査等	環境部
3月14日（木）	議案審査等	環境部
3月15日（金）	委員間討議	委員間討議

特筆すべき点は、常任委員会の中に、「委員間討議」「現地調査」「集中審査」の時間を入れたことである（**表2参照**）。**表2**に一例を記載している以外に、委員会によっては「参考人招致」等によって県民の方々の声を聴く機会を設ける時間もつくっている。委員会は、確実に、談合から躍動へチェンジした。

専決処分についても触れなければならない。地方自治法180条に基づく専決は、軽易な事項の専決処分[6]であり、議会への報告のみ求められ、議会の承認は不要である。したがって、通年議会の導入によって影響を受けるものではない。一方、地方自治法179条に基づく専決は、議会を開くいとまがないと認めるときのみになされる処分であり、通年議会の導入によって影響を受け得るものである。例えば、

6　例えば、長崎県の平成25年2月定例月議会では、地方自治法180条に基づいて、以下のことが知事専決事項として議会に報告された。①公用車による事故の和解と損害賠償額の決定、②県営住宅の明渡しと未払賃料の支払い請求において、起訴前の和解申し立てと、和解が整わない場合の訴えの提起。

これまで長崎県では、１７９条に基づく専決として、国政選挙または県議会議員補欠選挙の執行経費の専決処分等を行っていたが、通年議会導入後は、原則として年間を通じていつでも議会を開くことが可能なため、この件が専決として出てこないことが考えられる。

ポイントは、通年議会の導入によって、議会を経ない専決処分が減るということである。長崎県では、これまで長による専決処分の乱用はされていないが、例えば、鹿児島県の阿久根市で起きた問題では、市長は市議会を招集せず、専決処分を乱発した。これは、いわば議会の目をかいくぐろうとしたものであり、この点を考えると、通年議会の導入によって、議長により議会をいつでも招集できることと専決処分の回避の拡大は、民意を反映させるという面で有意義と言える。

補足として、通年議会の導入とともに実施された常任委員会の審査日数増等によって、経費増が生じる件にも触れたい。このことは、想定されたことであったため、通年議会の導入とともに、費用弁償の削減と議員報酬の削減を実施した。県民の皆様へ負担を強いるのではなく、議員自ら身を切るべしという考えに基づき、費用弁償（宿泊料、公務諸費の削減）と議員報酬の削減を実施した。議員報酬の削減額は、２年間で計1億円である。

通年議会のこれから

「長崎県議会、議会改革度が、全国5位！」驚くニュースが、日本経済新聞社の産業地域研究所による『日経グローカル』によって出された[7]。これまでは圏外だった長崎県議会が、全国で

5本の指に入る評価をいただいたのである。いわば、議会改革後進県の巻き返しである。私は、議会基本条例が議会改革のエンジンで、通年議会はアクセルだと思っている。通年議会の導入は、ゴールではなくスタートである。議会改革の一つの手法に過ぎず、少なくとも長崎県では効果を生んでいる。執行部に対して、従順な追認機関からの脱皮である。常に県政に主体的に関わろうとすると、通年議会の導入は自然な流れである気がしてならない。

現在、長崎県では通年議会を導入して、1年弱が過ぎようとしている（２０１３年3月時点）。その間、自民党の政権奪還が起こり、県政でも水面下の引き抜きが激しさを増し、パワーバランスの逆転が起こった。われわれ連立会派の数より、自民党と公明党の議員の数が上回り、逆転が起こっている現状である。よもや、通年議会等の議会改革の導入撤回が起きないか不安な状況ではあるが、政局よりも政策や議会改革を重視することを信じている。

現在は、通年議会の検証に入るとともに、一般質問や常任委員会の審査日数においても、中日を設けて、執行部と議員ともに一呼吸置くなどのアイデアが出てきている。やたらに審議時間を増やせばいいということではなく、量より質が求められる段階に入った。量なくして質は求められないと個人的には思うが、量を経て、長崎県議会は、質が求められるステージにきているのだと感じる。今後は、常任委員会の審査日数を10日間から、中日を設けた8日間へ変更すること等

7　日本経済新聞社 産業地域研究所『日経グローカル』（２０１２年11月5日号）

が考えられる。

議会改革を考える上で、たびたび私の頭に浮かぶのは、私が師と仰ぐ元三重県知事の北川正恭先生の言葉である。「改革とは、他人を変えることではなく、自分を変えることである」と。まず、われわれ議員が変わらねばならない、長崎県議会が変わらねばならない。長崎県議会は、変わり始めている。

第二部　全国初、〝通年議会〟廃止へ

事の発端～連立会派の動き～

２０１４年2月緊急議会にて、自由民主党会派（以下、自民党会派）が通年議会の廃止案を提出した。即日採決され、賛否の数は、賛成26人（自民党会派22人、公明党会派３人、無所属１人会派の方）、反対18人（連立会派17人、共産党１人会派の方）であった。事実を丁寧に述べていくが、まず筆者の立場を明らかにすると、無所属の議員であり、反対票を投じた連立会派の一員であることを前置きとして述べておく。

最初に、連立会派について説明をすべきであろう。２０１１年の統一地方選挙を経て、新しく46人の長崎県議会議員が誕生した。すぐに起こったのが、自民党の内紛による分派騒動であった。いわゆる内部の権力闘争である。ここで、分派騒動の渦中にあった自民党議員の一部と、民主党議員、社民党議員、無所属議員にて政策協議を重ね、長崎県政史上初の連立会派が誕生した。自

表１：一般質問と常任委員会

	従前	改革後
一般質問	１議員につき年間１回のみ	希望者は、年間２回も可能（ただし、任期中の１年間に限り）
常任委員会	１委員会あたり、定例会ごとに３～４日間開催	１委員会あたり、定例月議会ごとに10日間開催（後に再検討し７日間へ短縮）

民系の会派（6人）、民主社民系の会派（14人）、無所属の会派（3人）、この3つの会派による連立である。連立会派は、議員数が23人となり、最大会派となった。地域主権、議会改革、震災復興対策の推進という3つの柱からなる政策協定を結んで結成された。

連立会派の誕生から議会改革の動きが活発になった。議会改革の特別委員会も立ち上がり、議会基本条例制定のワーキンググループも立ち上がった。議会改革の特別委員会にて、一般質問の回数についての検討をし、増やすことを決定した。また、常任委員会の審査日数についての検討もし、増やす決定をした（**表1参照**）。常任委員会の審査日数を増やすことで、参考人招致の活用や迅速な現地調査、集中審査、委員間討議等の日程が確保された。

２０１２年3月、全会一致で議会基本条例が制定された。同日、通年議会の導入も可決（２０１２年3月16日可決、同年4月1日施行）された。条例制定検討協議会と広聴広報協議会も設置された。条例制定検討協議会では、検討を重ね、２０１３年5月に、障害者の差別を禁止する条例が制定された（正式名称：障害のある人もない人も共に生きる平和な長崎県づくり条例）。議員提案条例も活発になり、総務委員会提案で防災条例も制定された（正式名称：みんなで取り組む災害に強い長崎県づくり条例）。

広聴広報協議会では、議会基本条例に基づき、あらゆる媒体を通じた情報発信の改革を実施した。

まず、(1)新聞「県議会だより」の大幅リニューアルを実施した。今までは議会事務局に丸投げし一切議員が関わっていなかった新聞づくりにメスを入れ、議員自身が記事を書く形へ変え、紙面を見やすくする工夫も凝らした。(2)県内各地で県議会を伝える「議会報告会」の開催を実施した。(3)県民の皆様と情報を共有するため、常任委員会にカメラを入れ、「インターネット中継」（ユーストリーム配信）を行うようにした。ライブでも録画でも見られるようにした。(4)分かりにくい県議会のホームページに「子どものページ」をつくり、あらゆる世代に分かりやすく伝える工夫をした。

そして、(5)県議会フェイスブックページの開設、(6)県議会テレビ放送のリニューアル、この２つを議論している最中、県議会の体制に変化があり、自民党会派が最大会派となった。ここが大きな分岐点となった。正確に言えば、この分岐点の前には、２０１２年末の自民党による政権奪還が起こっており、その後、県議会の会派間の引き抜きが激しさを増し、また県議補選等もあって、２０１４年１月自民党会派が最大会派へ返り咲いた。ここから自民党会派の巻き返しが始まった。

事の巻き返し～自民党会派の動き～

会派構成が変わって、すぐさま通年議会の廃止が自民党会派より提案された。進めていた県議会フェイスブックページの開設にも待ったが入った。県議会だより、議会報告会、インターネット中継など、これまで実施してきた改革もゼロに戻す不安が現実味を帯びてきた。自民党会派から、そもそもの存在を打ち消す、条例制定検討協議会と広聴広報協議会の廃止案まで、議会運営委員会に提出された。条例制定検討協議会も広聴広報協議会もメンバーには、もちろん自民党会派の議員も入っており、議論を重ねてきたのだが、協議会の存在そのものを否定されており残念である。

広聴広報協議会の座長を務めている立場（２０１３年時）から、個人的な所感を言わせてもらえば、広聴広報協議会では一度たりとも政局の争いはなかったし、自民党会派だろうが連立会派だろうが関係なく、活発な議論を交わしてつくり上げていったことは胸を張って言うことができる。若手中心のメンバーであったからこそ良い関係が築けたのだろうが、理想の議論の形であったと思っており、だからこそ、今回のさまざまな否定（あらゆることを元に戻す）は、残念でならない。

また、〝連立〟会派という形も認めない方針が自民党より出され、３つの会派から構成されていた連立会派は解消された。しかし、連立を組んでいた３つの会派は、統一の１つの会派に形を

表２：主な政局

年月	主な政局	通年議会の動向
2011年６月	連立会派が結成され最大会派へ	
2012年３月		通年議会の導入 （賛成24人、反対20人）
2012年12月	国政選挙にて自民党が政権奪還	
2014年２月	自民党会派が22名となり最大会派へ	通年議会の廃止 （賛成26人、反対18人）

変え、メンバーはそのまま残った（連立会派という名称はなくなったが、以下も、便宜上「連立会派」と表現する）。

通年議会が都道府県としては全国初で導入され、２年を経て、今回の廃止に至った。通年議会の〝廃止〟も、もちろん全国初である。

２年前の２０１２年３月、通年議会は導入された。その時の、賛否の数は、賛成24人（連立会派22人、共産党会派の方１人と無所属１人会派の方）、反対20人（自民党会派17名人と公明党会派３人）であった。２０１４年２月、通年議会の廃止が可決された。賛否の数は、賛成26人（自民党会派22人、公明党会派３人、無所属１人会派の方）、反対18人（連立会派17人、共産党１人会派の方）であった。

導入時にしろ廃止時にしろ、賛否は真っ二つに割れているのが分かる。主な政局は**表２**に記載した。通年議会の賛否は、政局そのものと言えるかもしれない。要は、連立会派と共産党会派が通年議会の導入へ賛成で、自民党会派と公明党会派が反対であるということである。

以下、正確を期すために、冒頭に自民党発言を引用しながら、通年議会廃止についての自民党の主張とそれに対する私の反駁《ばく》について、丁寧に述べていく。

■自民党が主張した通年議会の廃止理由(1)
「地域活動の制限、職員の負担増」

自民党議員の公式発言によると、通年議会導入により、議員と県職員が拘束される時間が長すぎるとのことであった。特筆すべきことが、２０１４年1月に実施された知事選の応援で、自民党議員が「年間２００日も拘束された」と主張され、通年議会の否定を連呼されていた。そもそも知事選でなぜそんな発言をしたのか読者は疑問に感じると思うので、簡単に説明を付け加える。

知事選は、現職と共産党候補者との戦いであった。現職側の選挙を取り仕切ったのが自民党であり、選対本部長が前知事で現国会議員の方であった。候補者本人は通年議会に触れていなかったが、応援演説に立った自民党議員が通年議会の否定を連呼していた。同時に、「来年の統一地方選もよろしく」と言われていたので、知事選を通じて、県議会で対立する連立会派が中心となって実施した通年議会を否定する形で、自民党の勢力拡大を図られたと思われる。

年間２００日拘束されたのかどうか、どれだけ拘束されたのかを正確に調べてみた。以下の**表3**は、実際に会議があった日数である[9]。

表3：実際に開催された会議日数

2011年（通年議会導入前）	2012年（通年議会）	2013年（通年議会）
52日	79日	62日

　実際に拘束された日数は、**表3**の日数が全議員に共通するもので、この数字に特別委員会や協議会等の日を足すことになる（議員個人によって異なる）。こうして実際にあった会議日数を正確に数えると、年間２００日という数値は出てこない。最も多く特別委員会に出席した議員でさえ、はるか届かない数値である。あたかも多くの議員が年間２００日も会議をしたかのような誤解を与えていたが、冷静にカウントすると、県民の方々の意見を反映させる会議（議会）の日数は、**表3**の通り決して多くないことがわかる。

　そもそも憲法93条には、議会＝議事機関と記載されている。議事とは会合して審議することである。したがって、議会とは、会合して審議する組織であり場である。議員は議会が第一の仕事場である。議会での審議が議会人としての第一の仕事である。地域活動の制限という言葉を盾に、議会を重視しないことは本末転倒である。

9　日数は、本会議・常任委員会・予算決算委員会の合計である。注意点は、４つある常任委員会をダブルカウントしていないことである。なぜなら、同日開催だからである。また特別委員会をカウントしていないのは、議員全員が関わっているわけではなく、議員個人によって違いがあるためである。さらに、２０１３年の62日という数値は、これを書いている現在が3月上旬で閉会予定日が3月28日のため、見込みの数値となる。

議員は、地域活動や選挙活動に比重がかかり過ぎていて、議会が形式だけの学芸会に成り下がっていたのが現状である。議会が議論の場として機能していなかったのがこれまでであり、通年議会導入前が、そもそも議会活動が形がい化しており、議会本来の役割が充分に果たせていなかった側面がある。「議員や職員は、成果を出すため、もっと働いて欲しい」という県民の方々の声に真摯《し》に向き合う必要がある。

職員負担については、職員の方々の負担を軽減するために、常任委員会では質問の事前通告制を導入し、さらには職員の出席範囲を絞り込み、少数精鋭にしてもらったりもした。また、経費が増えることを県民の皆様への負担にしないよう、議員報酬等の削減も実施した。２年間で計１億円の削減である。

■自民党が主張した通年議会の廃止理由(2)
「(導入そのものが)時期尚早、慎重に検討すべきだった」

通年議会の導入にあたっては、議会改革の特別委員会で計8回の議論をし、議会基本条例のワーキンググループでの協議も含めれば、10回を超える検討を実施している。さらには、県民の方々を招いて公開討論会も実施し、参加者は長崎市が約１５０人、佐世保市が約１３０人、大村市が約３４０人であった。間違いなく導入においては、慎重な検討を重ねている。検討を重ね、それこそ議論のための議論ではないので、一定の答えを出そうと採決に至った。結果、賛成24、反対20で可決された。この賛否が分かれたことが後の廃止案へつながる要因となったのかもしれないが、当時はこれだけ議論して通年議会の導入に反対するなら、何年かけて議論しても反対されるだろうという感触はあった。

一方、通年議会の〝廃止〟にあたっては、実質的な検証や検討は皆無であった。議会運営委員会に廃止案が提出され、本会議で採決され、賛成26、反対18で可決された。委員会での検証や県民の方々を招いての検証を再三自民党側にお願いしたものの、「自民党内では検討した」と述べるにとどまり、議会としての検証や検討はゼロであった。

導入から2年を経て、この間、国では自民党による政権奪還が起き、県議会の数も逆転した。数の逆転が起きてすぐ、この廃止の提案であった。廃止ありきであったことは明白であった。メリットとデメリットや修正点も含め、2年間実施してきた通年議会の検証を尽くすべきであった。検証を尽くして、県民の方々へ示すべきであった。これは明らかに議論の封鎖であった。

自民党は公式発言で「通年議会の制度を完全に否定したわけではない」と言っている。では何を肯定し何を否定したのか、それぞれ明確にすべきであった。検証を尽くすべきであった。議会として検討しなかったことは禍根を残したといえる。

■自民党が主張した通年議会の廃止理由(3)

「議会の根幹にかかわることは、全会一致を原則とすべき」

(通年議会導入は全会一致ではなかったので、廃止にすべきとするもの)

もちろん理想は全会一致である。ただし、例えばこれまでの長崎県政の最重要事項の中で、県庁舎移転問題、石木ダム建設問題、諫早湾干拓開門問題、どれだけ全会一致があったであろうか。また、胸を張って、全会一致にすべきというのであるなら、今回の通年議会〝廃止〟も議会の根幹にかかわることであるので、全会一致を目指し、まず何より検討の場を設けるべきであった。検討の場さえ設けなかったので、全会一致なんて目指していないことは自明であった。発言と行動の矛盾が際立った。

全会一致は理想であって現実は厳しい。全会一致を条件にしていたなら、10年経っても通年議会は導入されなかっただろうという実感がある。

(追記だが、２０１４年3月末に、一般質問の回数を減らす提案、委員会の審査日数を減らす提案が、自民党会派からなされ、起立採決で可決された。舌の根も乾かぬうちに、「全会一致にすべき」という姿勢を覆した。)

■自民党が主張した通年議会の廃止理由(4)
「審査日数の大幅な増加ではなく、議論の質が問われるべき」

質が問われるのは、誰しも賛同するであろう。しかし、質は量を経ないと高まらないのではないだろうか。また、議論の質については、まず自己変革をすべきであると考える。例えば、議会の質問原稿は自分で書く、委員長報告も自分で書く、まさか職員に書かせるなどゴーストライターに頼っていないか。全聾《ろう》の作曲家として有名であった方が、ゴーストライターに曲を書かせていたとして話題になったが、ウソや偽りは、即刻やめなければならない。職員に質問原稿を書かせるのは、議会審議が自作自演となり、八百長となる。言語道断である。他人や他会派の批判の前に、全議員が自分を見つめるべきである。それが議論の質を高める一番の近道である。

さらに、議会での質問方法には、一括質問方式と一問一答方式があるが、明らかに一問一答方式の方が聞き手に易しく分かりやすい。しかし、「議論の質が問われるべき」と主張されている自民党会派の方々が、一括質問方式をとられていて、これは堂々たる自己矛盾である。議会基本条例にも、分かりやすい質問の手法をとるよう記載している（**議会基本条例第12条（質問等の充実）参照**）。

補足だが、通年議会の制度の中で、委員会の審査日数を減らすことは可能である。通年議会を審査日数の大幅増と同義ととるのは間違いである。通年議会の導入とともに、委員会の審査日数の大幅増や一般質問の回数増などの改革を実施したため、通年議会についての誤解を生んだと思われる。

通年議会とは、議会をいつでも開けるようにして、県民の方々の声を即座に、そして多く届けられるようにし、県政に反映させるというものである。現在は、議会側に議会を開く主導権がなく、首長（知事）側に主導権がある。行政の本質は権力であり、この権力に対して、議会がしっかりと監視をしないといけない。また政策提言をし、より民意を反映させなければならない。議会が本来の役割を果たすためにも、議会側が議会を開く主導権を持つべきであり、通年議会によってそれが可能となるのである。

■自民党が主張した通年議会の廃止理由(5)
「議会側が求めた臨時会の招集について、知事が拒否した事例はない」
（通年議会ではなく、臨時会招集で対応可能とするもの）

知事が拒否した事例はないということは、これまでもこれからも、そうあるべきである。では、今後このことを制度として担保し、もっとスムーズにするにはどうするべきか。答えは自明である。通年議会を導入すればいいのである。もっと言えば、通年議会にすれば、即座に民意を反映できる。県民の方々の利益を守るためには、今後強引な知事の出現も想定しておくべきである。

鹿児島県の阿久根市では実際に、議会を開かず専決処分を乱発した首長が出てきたのである。

■自民党が主張した通年議会の廃止理由(6)

「専決処分について乱発された状況はなく、むしろ専決処分がなくなれば、自然災害等に対応すべき事態が起きた時、議会対応を優先するあまり現場対応が後回しになり、県民の利益を損なう可能性がある」

（通年議会にすれば専決処分ができなくなるので、通年議会を導入すべきではないとするもの）

失礼な言い方かもしれないが、議会人の発言というより、理事者側のへ理屈のような意見に感じる。県議会は、県民の方々の代表者で構成されていることを失念していると思われる。

分かりやすい事例がある。栃木県議会は、会期以外でも迅速に予算審議ができるよう通年議会を導入した（２０１２年３月23日可決、４月16日より会期開始）。なぜなら、東日本大震災での反省があったからである。実際に栃木県の議会事務局に問い合わせ説明をいただいた。それによると、東日本大震災の対応で10回に及ぶ補正予算を組んだが、うち３回は知事の専決処分が実施され、トータルで約13億円の専決処分が行われた結果になった。このことに対して、議会側が、予算審議ができず議会の監視が機能しなかったことを反省したのである。つまり、議会側に〝気づき〟が生まれたのである。議会を経ない専決処分には、民意の反映ができないことに気づいたのである。

民意を反映させることが第一義である。それが、議会の役割である。民意（議会）を経ない専決処分は極力回避すべきである。通年議会にして、有事の際にすぐに議会を開くことによってこそ、県民の方々の利益に沿った予算執行が可能となる。

補足として、冒頭のへ理屈のような意見に答えるならば、議会を開いていたら県民の命が脅かされると判断するときは、地方自治法第１７９条に基づく専決処分を行うことも、たとえ通年議会であっても、可能であると考える。

■結び

どんなに相手が巨大な組織であっても、間違っていることは間違っていると、はっきり言わなければならない。極力、私情の悔しさを挟まず、書きつづろうとしたが、間違っていることは間違っていると言わなければならない。

通年議会の廃止は、議会人の議会人による歴史的オウンゴールである。相手ゴールではなく、自分のゴールへ得点を決め喜んでいる議会人を見て、その矛盾と自己否定に気づかないことが大きな問題である。

国の追い風をバックに数の力を得て、通年議会の廃止の次は、何を廃止してくるであろうか。

つい先日（２０１４年3月上旬時点）は、条例制定検討協議会と広聴広報協議会の廃止を自民党会派は提案された。また、議会改革の特別委員会も廃止し、委員会の審査日数も減らす（元に戻す）案と一般質問の回数も減らす（元に戻す）案が提出された（追記だが、２０１４年3月末に自民党案がすべて可決された）。連立会派が主導した議会改革をすべてゼロに戻すという姿勢のようである。やはり、連立会派の議会改革が強引であったのだろうか。謙虚さが足りなかったのだろうかと自問をする。

　しかし、議会改革とは利益誘導ではなく自らを律する取り組みであり、どの党であれ、どの会派であれ、県民目線に立てば全会一致で必要なことである。議会改革より政局を優先することは、さらなる政治不信を生む。全国5位の議会改革が泣いている。『日経グローカル』（日本経済新聞社、産業地域研究所による発行）２０１２年11月5月号で発表された全国の議会改革度で、長崎県は全国5位にランクインしたのである。議会改革後進県の圏外からのランクインに特集記事も組まれていた。やっとここから成果を生み出す土台ができたばっかりであった。

　県民の皆様に分かりやすく伝わるようにと、大ナタをふるった県議会だより（新聞）の改革もナシにされるのだろうか。時間をかけて積み上げた議会報告会の開催もナシにされそうである。委員会のインターネット中継もナシにし、また密室政治に戻るのだろうか。県議会フェイスブックのテスト配信でさえ難色を示された時は、何という隠ぺい体質なのだろうかと思った。隠すからこそ、不信が生まれる。

総務省主催の地方議会シンポジウムに参加した折、約３００人の地方議員を前に、東京大学の牧原出教授は以下のように発言された。「首長と議論を重ねて一致点を見出していくには、会期を気にしない通年議会が必要だ」と。また、同じ場所で駒澤大学の大山礼子教授は、「行政をしっかり監視していく上でも通年議会は大事だ」と述べられた。

長崎県議会には議会の憲法とも言うべき「議会基本条例」がある。この条例は最高規範とされており、つまり最も大事であるということを意味する**（議会基本条例第25条（最高法規性）参照）**。この最も大事な条例が自民党会派に無視され続けている。通年議会の廃止はこのことが無視されたものと言える**（議会基本条例第16条（議会の会期）参照）**。議会基本条例に基づいてつくられた広聴広報協議会も廃止されるとなれば、さらにこの最も大事な条例が無視されていくことになる。議会報告会の開催をせず、また、多様な媒体による情報発信もやめるのであれば、全会一致で可決した議会基本条例は一体何なのであろうか**（議会基本条例第8条（広聴広報機能の充実）参照）**。

今から1年半近く前の２０１２年12月に、政治と選挙のプラットフォームである「政治山《せいじやま》」のコラムで、私は以下のように書いている。「確実に言えることは、長崎県議会で自民党一党支配があのまま続いていたならば、議会基本条例も通年議会も広聴広報の改革も生まれていない。自民党の良し悪しや議員個人の良し悪しではなく、やはり改革とは内部から生まれにくいのではないか。談合政治から脱却した長崎県議会は、次のステージへ進まねばならない。真価が問われるのはこれからである。」

今後は最大会派である自民党主導によって県政の舵がとられるわけだが、どのような議会改革を実施していくのかを注視しなければならない。「継続的に議会改革に取り組むものとする」と、議会基本条例には明記されている（**議会基本条例第22条（議会改革の推進）参照**）。このことまでも無視することは許されない。無視するなら、議会基本条例をなくす提案をすべきである。議会基本条例が泣いている。最高規範が泣いている。

権力争い、やられたらやり返す、倍返しだと言われるのかもしれない、それも政治であろう。しかし、大事なことは、目の前の政敵ではなく地域衰退という大きな敵を直視しなければならないということである。大事なことを見失ってはならない。

今一度、議会の最高規範である議会基本条例に立ち返るべきである。誰のための議会か？党のためではない。誰のための議会か？自分の選挙区のみのためではない。議会基本条例第1条には、県民の幸福へ寄与することを目的とすると書かれている（**議会基本条例第1条（目的）参照**）。第4条には、県民全体の幸福を目指して活動することと書かれている（**議会基本条例第4条（議員の役割と活動）参照**）。誰のための議会か？県民の皆様のための議会である。今こそ、この問いを。

付録　長崎県議会基本条例〈抜粋〉

（目的）

第１条　この条例は、長崎県議会（以下「議会」という。）における最高規範として、議会及び長崎県議会議員（以下「議員」という。）の役割等を明らかにするとともに、県民と議会との関係、議会と知事その他の執行機関（以下「知事等」という。）との関係その他の議会に関する基本的事項を定めることにより、県民の負託にこたえ、身近で信頼できる議会を確立し、もって県民の幸福へ寄与することを目的とする。（傍線は筆者）

（議員の役割と活動）

第４条(2)　議員は、個別的な事案の解決に努めるのみならず、県民全体の幸福を目指して活動すること。（傍線は筆者）

（広聴広報機能の充実）

第8条　議会は、多様な媒体を活用し、県民の意向把握及び県民への情報発信に努めるものとする。

2　議会は、広聴広報機能の充実を図るため、広聴広報に関する委員会を設置することができる。

3　議会は、県民に対し、その役割と活動をわかりやすく全世代に伝えるよう努めるものとする。

4　議会は、議会報告会、特定の課題に関する移動委員会等を活用し、県民に身近に感じられるよう努めるものとする。

（質問等の充実）

第12条　議会は、議場における質疑及び質問を行うに当たり、一問一答方式等により県民にわかりやすく実施するものとする。

（議会の会期）

第16条　議会は、県政の課題に的確かつ柔軟に対応するため、年間を通じて適切に本会議を開くことができるよう、会期を定めるものとする。

（議会改革の推進）

第22条　議会は、地方分権・地域主権の時代にふさわしい役割を担うため、継続的に議会改革に取り組むものとする。

2　議会は、継続的に議会改革に取り組むため、議会改革に関する委員会を設置することができる。

（最高規範性）

第25条　この条例は、議会における最高規範として議会に関する基本的な事項を定めるものであり、議会に関する他の条例等を制定又は改廃するときは、この条例の趣旨を十分に尊重しなければならない。

第三部　全国初、いや世界初か：通年議会の廃止へ（地元発信版）

歴史的でした。全国の議員や海外からも反応があり、この廃止が恥であることを再認識させられました。２０１４年２月緊急議会にて、自民党会派が通年議会の廃止案を提出し、数の力で可決されました。賛否の数は、賛成26人、反対18人でした。都道府県では全国初として導入された通年議会は、たった2年で強引に消されました。いわば、議会人の議会人による歴史的オウンゴールです。相手ゴールではなく、自分のゴールへ失点をしてしまった状態です。間違っていることは間違っていると、誰かが言わねばなりません。

議会には何が求められているのでしょうか？

私は、成果を出すことだと思います。成果を生むためには、議会での議論が必要です。これまでは、密室政治であり、談合政治でした。議会は形式だけの学芸会ではないかという批判もありました。これからは、誰の目にも見えるよう開かれた議会が求められます。形式ではなく本気の議論が求められます。形式だけで、成果のない議会はいりません。今でもいらないと思っている人は少なくないと思います。それは議会が議会として機能しておらず成果を生んでいないからこそ、そう思われているのです。会議は談合、仕事は口利き、このことが議会に信頼を生まない理由になっています。

議会とは何でしょうか？

憲法93条には、議会＝議事機関と記載されています。では、議事機関とは何でしょうか、議事とは「会合して審議すること」[10]です。なので、議事機関とは、会合して審議する組織となります。

議会とは何をする場でしょうか？

皆さんの税金の使い道を決めているのです。税金の使われ方に、納得されている方はどのくらいいらっしゃるのでしょうか。一つの物差しとして、長崎県県政世論調査というのがあります。最新の平成25年3月に公表されたこの調査結果を見てみますと、「県の政策の総合的な満足度」が極めて残念な結果になっています。不満度が過去最高の32・5％を記録したのです[11]。県民の3割以上が県政に不満を示しているということになり、その不満の割合は過去最高に増えているのです。県民の皆様の声が、県政に届いていない一つの証拠です。

県民の皆様の声を届ける機会が、絶対量として少ないのです。その機会を増やすために、通年議会を導入しました。イノシシ被害、農業問題、道路問題等、山積する諸問題や多様化する県民の皆様のニーズに対応できていないのです。声が県政に届いていないのです。届いて成果が出ていれば、納得し、政策の満足度も上がるはずです。少なくとも不満度は増えないはずです。

そもそも通年議会とは何でしょうか？

議会をいつでも開けるようにして、県民の皆様の声をすぐに、そしてたくさん届けられるようにし、県政に反映させるというものです。よく勘違いを生むのですが、1年中議会を開くというわけではありません。議会の判断でいつでも開けるようにするものです。今は、議会を開こうと思っても、議会側に議会を開く主導権がなく、首長（知事）側に主導権があります。行政の本質は権力です。税金をとられることを思い起こして下さい。否が応でも、税金をとられます。この権力に対して、議会がしっかりとチェック（監視）をしないといけないのです。また政策提案し、より民意（県民の皆様の意見）を反映させなければならないのです。

10　デジタル大辞泉より（YAHOO！辞書）
11　「満足」「やや満足」「どちらともいえない」「やや不満」「不満」「無回答」の選択肢の中から「やや不満」もしくは「不満」と答えた方の割合の合計を、不満度としています。

全国の中でも目覚めた議会は、過剰な行政優位に気づき、追認機関としての議会を恥じるようになります。追認機関とは、行政の言いなりに成り下がってしまっている議会を指します。行政が言うことに対して、イエスと言うだけなので、〝追認〟機関と批判されます。監視と政策提言が議会に求められるのに、追認機関に成り下がっていることに問題があるのです。

いっこうに地域の発展が図られない現状の中で、目覚めた議会は、追認機関に成り下がっている問題に気がつきます。目覚めた議会は、議会基本条例をつくり、自分たちの存在理由を明確にします。議会基本条例というエンジンを携え、議会改革を始めるのです。その中で、自分たちに議会を開く主導権がないことを知り、通年議会の導入へ踏み切るのです。

通年議会の導入によって、議会がスピードアップしパワーアップします。そのアップによってより多くの成果へつながりやすくなるのです。一言で言うなら、県民の皆様の声を、県政に反映させる場を、より確保するというものなのです。それが否定され、自民党による通年議会廃止がなされたのです。これは議会人としての自己否定であり、歴史的なオウンゴールです。

ここから先は、正確を期すために、自民党会派の公式発言（通年議会廃止の理由）を冒頭に引用して、丁寧に反論していきます。

■通年議会廃止の理由①「地域活動の制限、職員の負担増」

自民党会派は、通年議会の下では、議員と県職員が拘束される時間が長過ぎると主張されました。まず、はっきりと反論したいのが、県民の皆様は、朝から晩まで拘束され必死に働いているということです。「議員や職員が拘束されるなどとぬかすな！」「そもそも議員は今の２倍３倍働け！」という声が聞こえてきます。ごもっともです。誰のための県議会なのでしょうか。いったい誰を守っているのでしょうか。

議員は議会が第一の仕事場です。議会での審議が議会人としての第一の仕事です。現場主義と聞こえのいいことを言って、議会を放棄するなら、それは選挙人間であって議会人ではありません。

「年間２００日も拘束された！」と自民党議員は知事選の応援で主張されていたので、積算根拠を調べようと正確に数えてみました（そもそも知事選でそんなこと言うのがおかしいというのはさておき）。以下の表が、実際に会議があった日になります[12]。

12　日数は、本会議・常任委員会・予算決算委員会の合計です。注意点は、４つある常任委員会をダブルカウントしていないことです。なぜなら、同日開催だからです。また特別委員会をカウントしていないのは、議員全員が関わっているわけではなく、議員個人によって違いがあるためです。さらに、Ｈ25の62日という数値は、これを書いている現在が３月上旬で閉会予定日が３月28日のため、見込みの数値となります。

H23（通年議会導入前）	H24（通年議会）	H25（通年議会）
52日	79日	62日

実際に拘束された日は、表の日数が全議員に共通するもので、この数字に特別委員会や協議会等の日を足すことになります（議員個人によって異なる）。こうやって実際にあった会議日数を正確に数えると、年間２００日という数値は出てきません。最も多く特別委員会に出席した議員でさえ、はるか届かない数値であることは、表の数値を見てわかります。あたかも２００日も会議をしていたかのような誤解を与えていましたが、実際に会議として拘束された日数62日（Ｈ25）を県民の皆様が見てどう思われるでしょうか。これをもって、議員と職員の拘束時間が長いと言えるのでしょうか。

百万歩譲って、仮に、これを自民党が「拘束だ」と言うのであれば、何のために会派（チーム）を組んでいるのかと問いたいです。個人ではなくチームを組んでいるのですから、A議員が忙しいなら、他の議員で対応は充分可能です。そしてまた、通年議会の下で、委員会などの会議日数を減らすことは可能であることも述べておきます。

補足として、職員の方々の負担を軽減するために、常任委員会では質問の事前通告制を一部導入し、さらには職員の出席範囲を絞り込み、少数精鋭にしてもらったりもしました。また、経費が増えることを県民の皆様への負担にしないよう、議員報酬の削減も実施しました。２年間で計１億円の削減でした。

■通年議会廃止の理由②「（導入そのものが）時期尚早、慎重に検討すべきだった」

通年議会の導入にあたっては、特別委員会で計8回の議論をし、議会基本条例のワーキンググループでの協議も含めれば、10回を超える検討を実施しています。膨大な時間になります。さらには、県民の皆様を招いて、公開討論会も実施し、参加者は長崎市が約１５０人、佐世保市が約１３０人、大村市が約３４０人でありました。間違いなく、導入においては、慎重な検討を重ねました。検討を重ね、それこそ議論のための議論ではないので、一定の答えを出そうと、採決をしました。結果、賛成24、反対20で可決されました。

一方、通年議会の〝廃止〟にあたっては、実質的な検証や検討はゼロです。議会運営委員会に廃止案が提出され、本会議で採決され、賛成26、反対18で可決されました。委員会での検証や県民の方々を招いての検証を再三、自民党側にお願いしたものの、「自民党内では検討した」と述べるにとどまり、議会としての実質的な検証や検討はゼロでした。導入から2年を経て、この間国では自民党による政権奪還が起き、県議会の数も逆転しました。数の逆転が起きてすぐ、この廃止の提案でした。廃止ありきであったことは明白でありました。メリットとデメリットや修正点も含め、2年間実施してきた通年議会の検証を尽くすべきでした。検証を尽くして、県民の皆様へお示しすべきでした。この議論の封鎖は、乱暴過ぎました。

自民党は公式発言で「通年議会の制度を完全に否定したわけではないことを重ねて発言をしておきたい」と言っています。では何を肯定したのか、明確にし検証を尽くすべきであったのは自明の理でありました。

■通年議会廃止の理由③「議会の根幹にかかわることは、全会一致を原則とすべき」

（通年議会は全会一致ではなかったので、廃止にすべきとするもの）

もちろん理想は全会一致です。ただし、例えばこれまでの県政の最重要事項の中で、県庁舎移転問題、石木ダム建設問題、諫早湾干拓開門問題、どれだけ全会一致があったでしょうか。また、胸を張って、全会一致にすべきというのであるなら、今回の通年議会〝廃止〟も議会の根幹にかかわることですので、全会一致を目指し、まず何より検討の場を設けるべきでした。検討の場さえ設けないので、全会一致なんて目指していないことは自明でした。全会一致にすべきというのなら、まず言った方々がその姿勢を見せるのが筋でしょう。

そして、議会改革についても、今後舌の根も乾かないうちに、〝全会一致〟は簡単に反故にされるだろうことも目に見えています。残念です。

（追記ですが、３月末に、議会改革の特別委員会の廃止、条例制定検討協議会の廃止、広聴広報協議会の廃止、一般質問の日数減、委員会の審査日数の減、これらが自民党会派の提案ですべて可決されました。

もちろん、反対者がいたのにもかかわらずです。予想通り、全会一致は簡単に破られました。）

■通年議会廃止の理由④「審査日数の大幅な増加ではなく、議論の質が問われるべき」

質が問われるのは強く賛同します。しかし、質は量を経ないと高まらないと思います。また、議論の質について言われるのであれば、私は声を大にして訴えたいのが、例えば議会の質問原稿は自分で書く、委員長報告も自分で書く、まさか職員に書かせるなどゴーストライターに頼っていないか。職員に質問原稿を書かせるのは、議会審議が自作自演となり、八百長となります。言語道断です。他人の批判の前に、自分を見つめるべきです。それが議論の質を高める一番の近道だと思います。

さらに、議会での質問方法には、一括質問方式と一問一答方式というのがあるのですが、明らかに一問一答方式の方が聞き手にやさしくわかりやすいのです。しかし、「議論の質が問われるべき」と主張されている方々が、一括質問方式をとられていて、この自己矛盾に泣きたくなります。これを読んで下さっている方々も、県議会のホームページから一般質問のインターネット中継を見てみて下さい。一括質問方式と一問一答方式を比べてみて下さい、どちらが県民目線か明白です。どちらが議論の質が高いか明らかです。

■通年議会廃止の理由⑤「議会側が求めた臨時会の招集について、知事が拒否した事例はない」

（通年議会ではなく、臨時会招集で対応可能とするもの）

それはそうでしょう、そうあるべき、これまでもこれからも。では、今後このことを制度として担保し、もっとスムーズにするにはどうすべきでしょうか。答えは自明です。通年議会にすればいいのです。もっと言えば、通年議会にすれば、即座に民意を反映できます。県民の皆様の利益を守るためには、今後強引な知事の出現も想定しておくべきです。鹿児島県の阿久根市では実際に、議会を開かず専決処分を乱発したトップが出てきたのですから。

■通年議会廃止の理由⑥「専決処分について乱発された状況はなく、むしろ専決処分がなくなれば、自然災害等に対応すべき事態が起きた時、議会対応を優先するあまり現場対応が後回しになり、県民の利益を損なう可能性がある」

（通年議会にすれば専決処分ができなくなるので、通年議会を導入すべきではないとするもの）

失礼な言葉になってしまいますが、議会人の発言ではありません。理事者側のへ理屈という感じがします。議会が県民の代表者で構成されていることを失念していると思われます。この発想は危険です。（専決処分とは、本来議会の議決が必要な事項について、議会の議決をしないで首長が決めること、です。）

　わかりやすい事例があります。栃木県議会は、会期以外でも迅速に予算審議ができるよう２０１２年に通年議会を導入しました。なぜなら、東日本大震災での反省があったからです。震災対応で、知事の専決処分が実施され、議会のチェック（監視）機能が働かなかったのです。つまり、県民の皆様の意見（民意）が反映されなかったのです。この経験を教訓として、通年議会の導入へ踏み切ったのです。

　民意を反映させることが第一義です。それが、議会の役割です。民意（議会）を経ない専決処分は極力回避すべきなのです。通年議会にして、有事の際にすぐに議会を開くことによってこそ、県民の皆様の利益に沿った予算執行が可能となります。

　補足として、上記のへ理屈に答えるならば、議会を開いていたら県民の方々の命がおびやかされると判断するときは、地方自治法第１７９条に基づく専決処分を行うことも、例え通年議会であっても、可能であると思います。

まとめ

　どんなに相手が巨大な組織であっても、間違っていることは間違っていると、はっきり言わなければなりません。通年議会の廃止は、議会人の議会人による歴史的オウンゴールです。相手ゴールではなく、自分のゴールへ得点（失点）を決めて喜んでいる議会人を見て、その矛盾と自己否定に気づかないことは大きな問題であると思います。

国の追い風をバックに、数の力を得て、通年議会の廃止の次は、何を廃止にしてくるでしょうか。つい先日（２０１４年3月上旬）は、条例制定検討協議会と広聴広報協議会の廃止を自民党会派は提案されました。改革をすべてゼロに戻すという姿勢のようです。

（追記ですが、議会改革の特別委員会の廃止、条例制定検討協議会の廃止、広聴広報協議会の廃止、一般質問の回数減、委員会の審査日数の減、これらが自民党会派の提案ですべて可決されました。）

大ナタをふるった県議会だより（新聞）の改革もナシにされるのでしょうか。時間をかけて積み上げた議会報告会もナシにされるのでしょうか。委員会のインターネット中継（ユーストリーム配信）もナシにし、また密室政治に戻すのでしょうか。県議会フェイスブックのテスト配信でさえ、難色を示されたときは、何という隠ぺい体質だろうかと思いました。隠すからこそ不信が生まれると思います。

総務省主催の地方議会シンポジウムに参加した折、約３００名の地方議員を前に、東京大学の牧原教授は以下のように発言されました。「首長と議論を重ねて一致点を見出していくには、会期を気にしない通年議会が必要だ」と。また、同じ場所で駒澤大学の大山教授は、「行政をしっかり監視していく上でも通年議会は大事だ」と述べられました。

市民県民の皆様にも、どうか関心を持っていただきたいです。これらのことに関心を持たないと、政治は加速して劣化していきます。政治は加速してまた密室へ戻っていきます。

議会には議会の憲法とも言うべき「議会基本条例」があります。この条例は最高規範とされており、つまり最も大事であるということを意味します。この最も大事な条例が無視され続けています。通年議会の廃止はこのことが無視されました。議会基本条例に基づいてつくられた広聴広報協議会も条例制定検討協議会も廃止され、さらにこの条例が無視されています。今一度、最も大事な議会基本条例に立ち返る謙虚さが必要です。

誰のための議会なのでしょうか？党のためなのでしょうか？違います。選挙区の人のみのためなのでしょうか？違います。誰のための議会なのでしょうか？議会基本条例第１条には、県民の幸福へ寄与することを目的とすると書かれています。第４条には、県民全体の幸福を目指して活動することと書かれています。誰のための議会なのでしょうか？県民の皆様のための議会です。今こそ、この問いを。

第四部　〝全国初となる通年議会の廃止〟から見る地方政治

峻烈な攻防

ひと月で1万人もの住民が消えてしまった。4カ月という短期間で、老若男女３万７０００人が皆殺しにされたと言われている。場所は私が住む南島原市、幕府軍は13万近くの軍勢を動員し、子どもや女性までも徹底的に惨殺した。それが、１６３７年の島原の乱である。現在の南島原市民の数が約5万人であるので、このたった4カ月という短期間での死者数の多さは、尋常ではない。南島原市には住民がいなくなり、亡所となった。歴史的な弾圧であり大量虐殺であった。

「数の力を握った途端、ここまでやるか」が私の率直な感想である。今回の長崎県での一連の廃止は、まるで今から４００年近くも前に長崎県で起こったキリシタン弾圧のような苛烈さを見せた。２０１４年2月緊急議会にて、自由民主党会派（以下、自民党会派）が通年議会の廃止案を提出した。即日採決され、賛否の数は、賛成26人、反対18人となり、通年議会の廃止が決定した。この通年議会の廃止を機に、これまで実施してきたさまざまな議会改革が連動して廃止された。まさに一気呵成であった。

ひと月で全国5位が消されてしまった。全国で5位の評価を受けていた長崎県議会の議会改革は、わずかひと月で一連の取組を抹消された。日本経済新聞社産業地域研究所が47都道府県議会の議会改革度を調査している。『日経グローカル』２０７号（２０１２年11月5日発行）にて、その議会改革度が公表され、長崎県議会は急浮上し、全国5位にランクインしていた。２０１０年に行われた前回調査では中位以下の28位であった。前回調査との比較でランキングの上昇幅は、堂々の全国1位であった。伸び幅が日本一であり、これは、連立会派[13]が結成されて1年間で

13　連立会派についての説明を補足する。２０１１年の統一地方選挙を経て、46人の長崎県議会議員が誕生した。すぐに起こったのが、自民党の内紛による分派騒動であった。いわゆる内部の権力闘争である。ここで、分派騒動の渦中にあった自民党議員の一部と、民主党議員、社民党議員、無所属議員にて政策協議を重ね、長崎県政史上初の連立会派が誕生した。自民系の会派（６人）、民主社民系の会派（14人）、無所属の会派（３人）、この３つの会派による連立である。

連立会派は、議員数が23人となり、最大会派となった。地域主権、議会改革、震災復興対策の推進という３つの柱からなる政策協定を結んで結成された。ちなみに、私は無所属の会派（３人）の中の1人である。連立会派の誕生によって、自民党一党支配の歴史が幕を閉じた。

しかし、２０１２年12月の国政選挙にて自民党が政権奪還すると、自民党への引き抜きが活発になり、補選等もあり、２０１４年２月に自民党会派が最大会派へ返り咲く。返り咲いた途端の廃止ラッシュであった。

行った議会改革への評価そのものである。その議会改革がことごとく消されたのである。

怒とうの廃止

わずかひと月という短期間で、自民党会派は諸々の廃止を断行した。そのてん末の一部を列挙する。

①通年議会の廃止
②一般質問の日数減（定例会ごとに４日間だったものを３日間へ減らした。）
③常任委員会の審査日数減（１委員会あたり、定例会ごとに７日間以内だったものを５日間以内へ減らした[14]。）
④県議会・県政改革特別委員会の廃止
⑤条例制定検討協議会の廃止
⑥広聴広報協議会の廃止

２０１４年２月25日の通年議会の廃止から、わずかひと月で数々の廃止劇は断行された。果たしてこれらの議会改革は何も成果を生まなかったのだろうか。成果を列挙する。

①通年議会の導入…〝いつでも〟〝たくさん〟民意を反映できるようになった。
②一般質問の日数増…本会議の議論が深まるようになった。

③常任委員会の日数増…委員会の議論が深まるようになった。
④県議会・県政改革特別委員会…議会基本条例の制定や通年議会の導入等を検討し実施した。
⑤条例制定検討協議会…障害者への差別をなくす条例の検討をし、「障害のある人もない人も共に生きる平和な長崎県づくり条例」を制定した。
⑥広聴広報協議会…広聴広報についての様々な検討をし、県議会だより（新聞）の刷新、議会報告会、委員会のユーストリーム配信、子どものページ作成等を実施した。

特筆すべきは、2014年2月、自民党会派が最大会派に返り咲いてからの怒涛の廃止ラッシュであったことである。短期間での廃止ラッシュが意味することは、なぜ廃止するのかの検討がなく、廃止ありきであったということである。その廃止の根拠を挙げてみる。以下は、自民党議員による公式発言から引用している。
①通年議会の廃止…議員や職員の拘束時間が長すぎるから
②一般質問の日数減…通年議会で定例月議会の合間が短く、行政執行がしにくくなったという

14　もともとは3～4日であった常任委員会の審査を、連立会派による議会改革の一端で、「10日間以内」へと拡大させた。その後、話合いを経て、「7日間以内」へ変更した。まとめると、「10日間以内」→「7日間以内」→「5日間以内」と変遷しており、当初の改革からは半減している。

声が県執行部側から出ているから
③常任委員会の審査日数減…同右
④県議会・県政改革特別委員会の廃止…すべての項目が常任委員会や議会運営委員会で審査できたから
⑤条例制定検討協議会の廃止…条例制定が必要な場合は常任委員会で議論すればいいから
⑥広聴広報協議会の廃止…広聴広報協議会の機能は議会運営委員会が担えるから

これらの根拠を読み解くと、議員と県職員の負担を軽くしているだけなのではないだろうか。根拠がうすくとも、それがまかり通るところに、数の力といういわゆる〝政治〟を見る。議会機能を弱体化させているのにも関わらず、これらの廃止を喜んでいる議員を見て、どこを向いて政治をしているのか疑問に思う。県民の方ではなく、政党の方を向いていると思われても仕方ないぐらい県民不在であった。対立する会派が実施した議会改革を、対立する会派が実施したからという理由で廃止する、それだけのことと思われても仕方ないぐらいに、検討や検証がなかった。自民党会派は、一連の廃止を、議会を正常に戻していると主張しているが、正常とは何であろうか。それぞれの議会改革を廃止し、従来の形に戻すことを正常と捉えているのであろうか。それは正常ではなく異常である。

地方政治の裏を見る

『日経グローカル』での特集記事を引用したい。「5位の長崎県は公開度8位、参加度3位、運営改善度10位。昨年（筆者注：２０１１年）の統一地方選後、最大会派が交代したことを機に改革を加速しており、今年（筆者注：２０１２年）3月に議会基本条例を制定した。また都道府県の先陣を切って今年度から本格的な通年議会を導入した。」と特集の中で述べられている[15]。また、議会改革度ランキングのベスト10に入っている府県の分析では、「かつて地方分権の旗手として活躍した改革派知事と対峙する中で議会改革を進めた府県が中心で、改革派知事が去った後も高いレベルを保っている。」と述べている[16]。ランキング全国1位であった三重県は、北川正恭元知事の存在が後々まで影響を与えているということである。ベスト10には、そのような改革派知事の存在があった府県が多くを占めているが、その中に長崎県が新たに入り込んだことも述べている。

ここで言えるのが、長崎県は受動的な議会改革ではないということである。長崎県は、改革派知事と対峙する形で議会改革を進めたわけではない。改革派知事という存在は、これまで長崎県では出現していないと言われている。すなわち、長崎県議会で進められた議会改革は、議員自身

15 『日経グローカル』No.207（２０１２年11月5日発行）日本経済新聞社産業地域研究所、p.13。
16 前掲書、p.14。

による自発的なものであり、それは議会改革度ベスト10を見ると事例の少ない部類に入る。その自発性は議員自らの気づきから生まれており、議会改革のスピードの速さに影響を与えた。しかし、一方で、そのことが一連の廃止につながったのかもしれない。全国初の通年議会の廃止やそれ以降の様々な廃止につながってしまったことについて考えると、二つの要因を挙げることができる。一つに、改革派知事との対峙ではなかったこと、二つ目に改革のスピードが早すぎたこと、この二つである。

まず一つ目であるが、改革派知事という存在は、議会を一致団結させる側面があると考えられる。改革派知事ばかりにスポットがあたると、議会の存在がうすくなる。一体議会は何のためにあるのかという疑問が生まれ、自らの責任の大きさに気づくことから、議会改革が始まる。気づきが生まれた議会は、議会基本条例をつくり、自分たちの存在理由を再考し明確にする。存在理由を明確にした議会は、議会機能の強化を図り、自らの存在に伴う責任を果たす行為（行政の監視や政策提言等）を活発に行うようになる。ポイントは、知事との対峙によって生まれた議会改革であるということである。知事との対峙であるがゆえに、議会は一枚岩となりやすい。議会内の主導権争いは影を潜めることになる。地方議会においては、首長を支持するかしないかで疑似的な与野党関係が生まれやすいが、国の制度である議院内閣制の枠組みとは異なり、二元代表制では本来制度的に与野党関係は発生しない。改革派知事との対峙により、本来の二元代表制のあるべき姿が表出しやすくなると考えられる。

一方、長崎県議会では、改革派知事という仮想敵をテコに議会が一体となって成す改革ではなく、議会内部にもともとあった中央政党に端を発する政局を抱えたまま改革を実行したため、地方議会という狭い世界の中で政局が増幅される結果となった。議会改革は基本的に議会機能を強化し民意を反映しやすくするものであり、政局の影響でコロコロ変わる性質のものではない。この議会改革さえも政局の影響を受けるところに、病魔の巣がある気がしてならない。中央政党の影響を受けない、独立し地に足のついた地域政党の出現が求められるのではないだろうか。

廃止ラッシュの背景の二つ目だが、改革のスピードが速すぎて、議員の十分な理解が得られなかったのかもしれない。進める上で、議論や審議等、十分なプロセスは経ているが、理解が追いつかなかったのかもしれない。しかし、議会基本条例は当初反対する議員が多かったが、議論を重ねるごとに賛同者は増え、最終的に全会一致で可決された。全会一致であったにも関わらず、自民党会派は議会基本条例を無視し、一連の廃止を遂行した。これはやはり、議会基本条例の理解が薄いか、若しくは軽んじていることを示している。先に列挙した①～⑥は、様々な形でその必要性が議会基本条例の条文に書かれている。廃止ラッシュの行き着く先が、議会改革の根本である議会基本条例をなくすことになりはしないか。

通年議会の是非について考察されている金井利之東京大学大学院教授は、議会における権力闘争について、「基本的にいえば、通年議会あるいは議会の活性化は、『野党』会派あるいは、二元代表制的な執行部からの自律性を重視する議員に、有効に作用する。執行部や『与党』会派は、『短い会議が良い会議』である。（中略）『与党』会派の議員の要望は、議会内の議論ではなく、議会前・議会外の非公式な『口利き』で反映すればよいのである。」と述べている[17]。通年議会は、執行部に対し、二元代表の一翼としてのけん制機能を発揮しようとする会派には有意義だが、一方で、議会は形式で主たる仕事は口利きとする会派には意義がうすいのである。

通年議会の廃止から

私は、危機感を感じている。それは、議会機能を弱める決定を議会人自らが実行したことに対する危機感である。都道府県では全国で初めて通年議会を導入し、次のステージが〝通任議会〟ではないかという思いもあった[18]。1年という短い期間で捉えるのではなく、4年間という議員の任期の中で、議会を捉えるということである。選挙後に招集され、次の選挙の直前までを会期とするものである。単年度ではなく4年間を一つのサイクルとして議会活動を考える方が効率的で効果的であり、議会のパワーアップにつながると考える。

全国初の通年議会の廃止については、「政治山《せいじやま》」というサイトに事のてん末を緊急寄稿（２０１４年4月3日）し、詳しく書いた[19]。全国初の通年議会の廃止に象徴される自民党会派のコアとなる思考は、〝議論しない〟ということなのではないか。通年議会を廃止するということ、そして通年議会の廃止についての検証すらしなかったこと、一般質問の日数を減らしたこと、委員会の審査日数を減らしたこと、それらからいえることは、議員間にしろ対執行部にしろ、議論しないことを選択したということである。議論の封鎖といえるのではないだろうか。

２００８年に全国で初めて通年議会を導入したとされている北海道の白老町議会はその通年議会実施要綱第1条で以下のように述べている。「この要綱は、議会の監視機能の更なる充実・強化を図り、議会が主導的・機動的に活動できるよう定例会の開催回数を年1回とし、その会期を通年とする通年議会を実施するため必要な事項を定めるものとする。」と。監視の強化につながり、議会が主体的に活動できるようになる通年議会は、まさに議会のパワーアップとスピードアップにつながると言えよう。

一方では、地方自治法の改正によって、通年議会の採用が法的にフォローされる形となった。地方自治法１０２条の２「普通地方公共団体の議会は、前条の規定にかかわらず、条例で定めるところにより、定例会及び臨時会とせず、毎年、条例で定める日から翌年の当該日の前日までを会期とすることができる。」とあり、改正された主な理由を大森彌東京大学名誉教授は、「具体的に、①議会の判断による本会議の随時の開催が可能となり、専決処分が減少するとともに、緊急を要

17　『議員ＮＡＶＩ』Vol.43（２０１４年5月10日発行）第一法規株式会社、p.52。

18　〝通任議会〟とは通年議会を発展させたものと解釈しているが、その言葉自体はあまり使われていない。

19　政治山「ローカル・マニフェスト推進地方議員連盟連載／リレーコラム47～地方議員は今～第80回〈緊急寄稿〉『全国初、通年議会の廃止へ』」http://seijiyama.jp/article/columns/lm/lm20140403.html

する案件にも迅速に対応できること、②十分な審議時間を確保することが可能となり、議案審議の充実や議員による政策提言等の機会の増加につながることである。」と述べている[20]。地方議会の改革が、法を動かした形だが、この地方自治法改正に伴い、さらに通年議会を採用する議会が増えていくと見込まれる。

分権時代の地方政治

分権時代という時代認識がまず求められるのではないだろうか。そして、その状況下での議会の役割を再考しなければならない。議会には自発性、積極性、透明性等が求められる。地域経営に責任を持てば、他責が自責になり、議会機能の強化へ自然とつながる。長崎県議会は議会機能の弱体化を選択したので、地域経営に対する責任を持っているとは言い難く、執行部に任せる従来の感覚から抜け出していないのではなかろうか。

そもそも議会改革はなぜ必要なのであろうか。通年議会の廃止で自民党会派が一番に訴えたのは、「議会活動に追われて、地域活動ができない」というものであった。確かに、地域活動は大事である。しかし、議会活動は〝形式〟、厳しく表現すれば〝八百長〟、地域活動の実態は〝選挙活動〟ではなかったか。もちろん、そうではない方々もいるだろう。しかし、一般質問の原稿は執行部が書き馴れ合いの質疑応答、地域活動の主が公平性を欠く口利き、やっているのは選挙活動ばかり、このような実態はなかったのか。このことをどれだけの議員が否定できるのだろうか。

もちろん、全否定して欲しい。昨今の議会不要論は、議会への不信から来ており、不信はどこから来ているか、このことを私も含めて謙虚に受け止める必要がある。信頼を取り戻すには、議会が自らを変革していかねばならない。議会活動、地域活動、ともに改革が必要なのである。本来の議会活動から逃げて、選挙活動ばかりに埋没することは議会不信を増幅させるだけである。

一方、今回の一連の廃止で目立った住民の動きは見られない。私が私の地元で送付した私独自の新聞への感想はたくさんいただくが、それ以外で目立った住民の動きはない。地元新聞の掲載記事も少なかった。議会と住民のかい離を感じる。私個人としては、通年議会の意義や内容を、わかりやすく伝えることに腐心した。専決処分等の難しい語句を使わず説明することにも腐心した。ただ、やはりそれは〝伝えた〟のであって、〝伝わった〟のかと尋ねられれば自信がない。市民参加は行政だけでなく議会にももちろん必要なことであり、行政も不十分だが、議会側はそれに輪をかけて不十分である。やはり、議会基本条例に基づき、あらゆる媒体を通し、伝わる工夫をしなければ、密室政治のままとなり、市民参加は高まらない。議会への信頼も高まらない。

改革派知事の誕生を待たないと議会の自己変革は起きないのであろうか。はたまた10年とか時間をかけじっくり議論しないと議会の自己変革は起きないのであろうか。ともに、時間がかかり過ぎる。島原の乱の大量虐殺は、あまりにもむごすぎ、悲しみしかない。しかし、茨城大学の磯

20　『議員ＮＡＶＩ』Vol.42（２０１４年３月10日発行）第一法規株式会社、pp.2-3。

田道史准教授によると、島原の乱が、幕府に弾圧政治では民衆を統治できないことを痛感させ、「武力や暴力によって支配する政治から法のルールや官僚制度を使った支配へ」の大きな契機となり、「未開から文明への転換であった」と言う[21]。極めて大きな影響を日本史に残したことになる。長崎県議会の通年議会の廃止と一連の廃止が数の暴力があっただけだったとなるのではなく、未開から文明への契機とするために、私は事実を社会に発信し考え続けて行かなければならない。

21　NHK「さかのぼり日本史　江戸〝天下泰平〟の礎　第4回」（2011年10月25日放送）より。

＜付録＞

年月	主な動向
2011 年 6 月	**連立会派が結成され最大会派へ** 県議会・県政改革特別委員会の設置
2012 年 3 月	議会基本条例の制定（県議会・県政改革特別委員会） 通年議会の導入（県議会・県政改革特別委員会）
4 月	条例制定検討協議会の設置 広聴広報協議会の設置 一般質問の登壇人数を増やす決定
5 月	常任委員会の審査日数を増やす決定
12 月	国政選挙にて自民党が政権奪還
2013 年 4 月	一般質問の日数を増やす決定 県議会だよりの刷新（広聴広報協議会）
5 月	「障害のある人もない人も共に生きる平和な長崎県づくり条例」の制定（条例制定検討協議会）
8 月	議会報告会「かたろうで県議会」の開催（広聴広報協議会） 議会ホームページに「子どものページ」の設置（広聴広報協議会）
11 月	委員会ユーストリーム中継の開始（広聴広報協議会）
2014 年 2 月	**自民党会派が 22 名となり最大会派へ** 通年議会の廃止
3 月	一般質問の日数を減らす決定 常任委員会の審査日数を減らす決定 県議会・県政改革特別委員会の廃止 条例制定検討協議会の廃止 広聴広報協議会の廃止

あとがき

私は、地方議員として8年目（２０１４年時点）を迎えた。現在2期目で、無所属の県議会議員である。無所属の県議会議員は、長崎県において、絶滅危惧種となっている。市議会や町議会で無所属の方は多いが、県議会ではおよそ1万票を獲得しなければ当選できないこともあり政党に所属している方が多い。結果、国会議員の下請けかと疑問を持ってしまう状況が起き、県議会議員は国政選挙における選挙活動の実働部隊となっている側面も見受けられる。

今回の自民党による矢継ぎ早の廃止劇は、二大政党制そのものを考えさせられた。政権が変わると、都道府県議会は直接その影響を受け、会派間の引き抜きが起き、県議会で第一会派の座に返り咲くや否や、対立する会派が実行していた議会改革をゼロに戻すという愚行が行われた。

一党独裁なら、改革そのものが生まれにくいが、二大政党でも政権が変わるたびに、議会改革そのものもゼロに戻されていたら、いったい何のための政治であるかと疑問を持つ。中央の構図を地方に持ち込んでは、いっこうに政治が前に進まない。地方政治は中央政治から独立すべきだという思いを、さらに強くしている。我が国は、中央集権下での発展を経て、分権・自治の時代を迎えているというのが、私の時代認識である。分権・自治の時代には、地域政党の出現が不可欠な気がしてならない。

議会改革が必要ない議会は、ほぼないと言い切れるのではないか。どんな議会であれより成果を生むためには、不断の議会改革が必要となる。住民の方々の声を反映する議会となるために不断の改革は必要不可欠である。今回の長崎県議会における、通年議会の導入と廃止は、政策の競争ではなく、政争そのものであろう。

政敵しか見えていない政党は、まちの破壊しか生まない。中央集権下での中央政党の存在は、地方議会へ強い影響を有し、地域の独自性を生みにくい体質をつくっている面がある。政敵ではなく、地域衰退という大きな敵を見なければならない。目の前の敵ばかりを見て、百年の計を見失っている。

通年議会の廃止は、単に制度や形式の変更を意味するにとどまらない。二元代表制の一翼を担う議会が、その翼を広げず（議会機能の強化を否定し）、従来の行政依存を選んだことを意味する。議会自らの手で議会の主体性を封じたことを考えると、二元代表制はどこへいったのかと空に向かって叫びたくなる。片方の翼だけを広げても、飛ぶことはできない。分権も自治もはるか遠くで冷笑している。

【著者紹介】

松島　完（まつしま・かん）

1979 年長崎県南島原市生まれ。明治大学（政経学部）卒、英国ブラッドフォード大学大学院（公共政策専攻）留学、早稲田大学大学院（公共経営研究科）修了。27 歳で長崎県議会議員に初当選（最年少）。現在、2 期目（最年少）。無所属。
第 6 回マニフェスト大賞優秀コミュニケーション賞受賞。

著書『経済成長から社会再生の時代へ—長崎県へ ” 人と人とのつながり（ソーシャル・キャピタル）を豊かにする政策”の提言—』文芸社（2010）。（共著）早稲田大学マニフェスト研究所議会改革調査部会編『あなたにもできる議会改革—改革ポイントと先進事例—』第一法規（2014）。

地方自治ジャーナルブックレット No.65

通年議会の〈導入〉と〈廃止〉—長崎県議会による全国初の取り組み—

2014 年 8 月 29 日　初版発行

著　者　　松島　完
発行人　　武内　英晴
発行所　　公人の友社
〒 112-0002　東京都文京区小石川 5 − 26 − 8
TEL　03 − 3811 − 5701
FAX　03 − 3811 − 5795
E メール　info@koujinnotomo.com
http://koujinnotomo.com/
印刷所　　倉敷印刷株式会社

ISBN978-4-87555-651-0

「官治・集権」から
「自治・分権」へ

市民・自治体職員・研究者のための

自治・分権テキスト

《出版図書目録 2014.8》

〒120-0002　東京都文京区小石川 5-26-8
TEL　03-3811-5701
FAX　03-3811-5795
公人の友社
mail　info@koujinnotomo.com

●ご注文はお近くの書店へ
　小社の本は、書店で取り寄せることができます。
●＊印は〈残部僅少〉です。品切れの場合はご容赦ください。
●直接注文の場合は
　電話・FAX・メールでお申し込み下さい。

TEL　03-3811-5701
FAX　03-3811-5795
mail　info@koujinnotomo.com

（送料は実費、価格は本体価格）

［地方自治ジャーナル
ブックレット］

No.1
水戸芸術館の実験
森啓　1,166円（品切れ）

No.2
政策課題研究研修マニュアル
首都圏政策研究・研修研究会
1,359円（品切れ）

No.3
使い捨ての熱帯雨林
熱帯雨林保護法律家リーグ
971円（品切れ）

No.4
自治体職員世直し志士論
童門冬二・村瀬誠　971円＊

No.5
行政と企業は文化支援で何ができるか
日本文化行政研究会　1,166円
（品切れ）

No.6
まちづくりの主人公は誰だ
浦野秀一　1,165円（品切れ）

No.7
パブリックアート入門
竹田直樹　1,166円（品切れ）

No.8
市民的公共性と自治
今井照　1,166円（品切れ）

No.9
ボランティアを始める前に
佐野章二　777円

No.10
自治体職員の能力
自治体職員能力研究会　971円

No.11
パブリックアートは幸せか
山岡義典　1,166円＊

No.12
市民が担う自治体公務
パートタイム公務員論研究会
1,359円

No.13
行政改革を考える
山梨学院大学行政研究センター
1,166円（品切れ）

No.14
上流文化圏からの挑戦
山梨学院大学行政研究センター
1,166円

No.15
市民自治と直接民主制
高寄昇三　951円

No.16
議会と議員立法
上田章・五十嵐敬喜 1,600円＊

No.17
分権段階の自治体と政策法務
山梨学院大学行政研究センター
1,456円

No.18
地方分権と補助金改革
高寄昇三　1,200円

No.19
分権化時代の広域行政
山梨学院大学行政研究センター
1,200円

No.20
あなたの町の学級編成と地方分権
田嶋義介　1,200円

No.21
自治体も倒産する
加藤良重　1,000円（品切れ）

No.22
ボランティア活動の進展と自治体の役割
山梨学院大学行政研究センター
1,200円

No.23
新版2時間で学べる「介護保険」
加藤良重　800円

No.24
男女平等社会の実現と自治体の役割
山梨学院大学行政研究センター
1,200円

No.25
市民がつくる東京の環境・公害条例
市民案をつくる会　1,000円

No.26
東京都の「外形標準課税」はなぜ正当なのか
青木宗明・神田誠司　1,000円

No.27
少子高齢化社会における福祉のあり方
山梨学院大学行政研究センター
1,200円

No.28
財政再建団体
橋本行史　1,000円（品切れ）

No.29
交付税の解体と再編成
高寄昇三　1,000円

No.30
町村議会の活性化
山梨学院大学行政研究センター
1,200円

No.31
地方分権と法定外税
外川伸一　800円

No.32
東京都銀行税判決と課税自主権
高寄昇三　1,200円

No.33
都市型社会と防衛論争
松下圭一　900円

No.34
中心市街地の活性化に向けて
山梨学院大学行政研究センター
1,200円

No.35
自治体企業会計導入の戦略
高寄昇三　1,100円

No.36
行政基本条例の理論と実際
神原勝・佐藤克廣・辻道雅宣
1,100円

No.37
市民文化と自治体文化戦略
松下圭一　800円

No.38
まちづくりの新たな潮流
山梨学院大学行政研究センター
1,200円

No.39
ディスカッション三重の改革
中村征之・大森弥　1,200円

No.40
政務調査費
宮沢昭夫　1,200円（品切れ）

No.41
市民自治の制度開発の課題
山梨学院大学行政研究センター
1,200円

No.42
《改訂版》自治体破たん・「夕張ショック」の本質
橋本行史　1,200円＊

No.43
分権改革と政治改革
西尾勝　1,200円

No.44
自治体人材育成の着眼点
浦野秀一・井澤壽美子・野田邦弘・西村浩・三関浩司・杉谷戸知也・坂口正治・田中富雄　1,200円

No.45
シンポジウム障害と人権
橋本宏子・森田明・湯浅和恵・池原毅和・青木九馬・澤静子・佐々木久美子
1,400円

No.46
地方財政健全化法で財政破綻は阻止できるか
高寄昇三　1,200円

No.47
地方政府と政策法務
加藤良重　1,200円

No.48
政策財務と地方政府
加藤良重　1,400円

No.49
政令指定都市がめざすもの
高寄昇三　1,400円

No.50
良心的裁判員拒否と責任ある参加
市民社会の中の裁判員制度
大城　聡　1,000円

No.51
討議する議会
自治体議会学の構築をめざして
江藤俊昭　1,200円

No.52
【増補版】大阪都構想と橋下政治の検証
府県集権主義への批判
高寄昇三　1,200円

No.53
虚構・大阪都構想への反論
橋下ポピュリズムと都市主権の対決
高寄昇三　1,200円

No.54
大阪市存続・大阪都粉砕の戦略
地方政治とポピュリズム
高寄昇三　1,200円

No.55
「大阪都構想」を越えて
問われる日本の民主主義と地方自治
（社）大阪自治体問題研究所　1,200円

No.56
翼賛議会型政治・地方民主主義への脅威
地域政党と地方マニフェスト
高寄昇三　1,200円

No.57
なぜ自治体職員にきびしい法遵守が求められるのか
加藤良重　1,200円

No.58
東京都区制度の歴史と課題
都区制度問題の考え方
著：栗原利美、編：米倉克良
1,400円

No.59
七ヶ浜町（宮城県）で考える
「震災復興計画」と住民自治
編著：自治体学会東北 YP
1,400円

No.60
市民が取り組んだ条例づくり
市長・職員・市議会とともにつくった所沢市自治基本条例
編著：所沢市自治基本条例を育てる会
1,400円

No.61
いま、なぜ大阪市の消滅なのか
「大都市地域特別区法」の成立と今後の課題
編著：大阪自治を考える会　800円

No.62
地方公務員給与は高いのか
非正規職員の正規化をめざして
著：高寄昇三・山本正憲　1,200円

No.63
大阪市廃止・特別区設置の制度設計案を批判する
いま、なぜ大阪市の消滅なのか Part2
編著：大阪自治を考える会　900円

No.64
自治体学とはどのような学か
森啓　1,200円

No.65
通年議会の〈導入〉と〈廃止〉
長崎県議会による全国初の取り組み
松島完　900円

［福島大学ブックレット「21世紀の市民講座」］

No.1
外国人労働者と地域社会の未来
著：桑原靖夫・香川孝三、
編：坂本恵　900円

No.2
自治体政策研究ノート
今井照　900円

No.3
住民による「まちづくり」の作法
今西一男　1,000円

No.4
格差・貧困社会における市民の権利擁護
金子勝　900円

No.5
法学の考え方・学び方
イェーリングにおける「秤」と「剣」
富田哲　900円

No.6
今なぜ権利擁護か
ネットワークの重要性
高野範城・新村繁文　1,000円

No.7
小規模自治体の可能性を探る
保母武彦・菅野典雄・佐藤力・竹内是俊・松野光伸　1,000円

No.8
小規模自治体の生きる道
連合自治の構築をめざして
神原勝　900円

No.9
文化資産としての美術館利用
地域の教育・文化的生活に資する方法研究と実践
辻みどり・田村奈保子・真歩仁しょうん 900円

No.10
フクシマで"日本国憲法〈前文〉"を読む
家族で語ろう憲法のこと
金井光生 1,000円

［地方自治土曜講座ブックレット］

No.1
現代自治の条件と課題
神原勝 800円＊

No.2
自治体の政策研究
森啓 500円＊

No.3
現代政治と地方分権
山口二郎 500円＊

No.4
行政手続と市民参加
畠山武道 500円＊

No.5
成熟型社会の地方自治像
間島正秀 500円＊

No.6
自治体法務とは何か
木佐茂男 500円＊

No.7
自治と参加 アメリカの事例から
佐藤克廣 500円＊

No.8
政策開発の現場から
小林勝彦・大石和也・川村喜芳 800円＊

No.9
まちづくり・国づくり
五十嵐広三・西尾六七 500円＊

No.10
自治体デモクラシーと政策形成
山口二郎 500円＊

No.11
自治体理論とは何か
森啓 500円＊

No.12
池田サマーセミナーから
間島正秀・福士明・田口晃 500円＊

No.13
憲法と地方自治
中村睦男・佐藤克廣 500円（品切れ）

No.14
まちづくりの現場から
斉藤外一・宮嶋望 500円＊

No.15
環境問題と当事者
畠山武道・相内俊一 500円＊

No.16
情報化時代とまちづくり
千葉純・笹谷幸一 600円（品切れ）

No.17
市民自治の制度開発
神原勝 500円＊

No.18
行政の文化化
森啓 600円＊

No.19
政策法務と条例
阿部泰隆 600円＊

No.20
政策法務と自治体
岡田行雄 600円（品切れ）

No.21
分権時代の自治体経営
北良治・佐藤克廣・大久保尚孝 600円＊

No.22
地方分権推進委員会勧告とこれからの地方自治
西尾勝 500円＊

No.23
産業廃棄物と法
畠山武道 600円＊

No.24
自治体計画の理論と手法
神原 勝 600円（品切れ）

No.25
自治体の施策原価と事業別予算
小口進一 600円＊

No.26
地方分権と地方財政
横山純一 600円（品切れ）

No.27
比較してみる地方自治
田口晃・山口二郎 600円＊

No.28
議会改革とまちづくり
森啓 400円（品切れ）

No.29
自治体の課題とこれから
逢坂誠二 400円＊

No.30
内発的発展による地域産業の振興
保母武彦 600円（品切れ）

No.31
地域の産業をどう育てるか
金井一頼 600円＊

No.32
金融改革と地方自治体
宮脇淳 600円＊

No.33
ローカルデモクラシーの統治能力
山口二郎 400円＊

No.34
政策立案過程への戦略計画手法の導入
佐藤克廣 500円＊

No.35
「変革の時」の自治を考える
神原昭子・磯田憲一・大和田健太郎 600円＊

No.36
地方自治のシステム改革
辻山幸宣 400円（品切れ）

No.37
分権時代の政策法務
礒崎初仁 600円＊

No.38
地方分権と法解釈の自治
兼子仁 400円＊

No.39
「近代」の構造転換と新しい「市民社会」への展望
今井弘道 500円＊

No.40
自治基本条例への展望
辻道雅宣 400円＊

No.41
少子高齢社会の自治体の福祉法務
加藤良重　400円＊

No.42
改革の主体は現場にあり
山田孝夫　900円

No.43
自治と分権の政治学
鳴海正泰　1,100円

No.44
公共政策と住民参加
宮本憲一　1,100円＊

No.45
農業を基軸としたまちづくり
小林康雄　800円

No.46
これからの北海道農業とまちづくり
篠田久雄　800円

No.47
自治の中に自治を求めて
佐藤守　1,000円

No.48
介護保険は何をかえるのか
池田省三　1,100円

No.49
介護保険と広域連合
大西幸雄　1,000円

No.50
自治体職員の政策水準
森啓　1,100円

No.51
分権型社会と条例づくり
篠原一　1,000円

No.52
自治体における政策評価の課題
佐藤克廣　1,000円

No.53
小さな町の議員と自治体
室埼正之　900円

No.55
改正地方自治法とアカウンタビリティ
鈴木庸夫　1,200円

No.56
財政運営と公会計制度
宮脇淳　1,100円

No.57
自治体職員の意識改革を如何にして進めるか
林嘉男　1,000円

No.59
環境自治体とＩＳＯ
畠山武道　700円

No.60
転型期自治体の発想と手法
松下圭一　900円

No.61
分権の可能性
スコットランドと北海道
山口二郎　600円

No.62
機能重視型政策の分析過程と財務情報
宮脇淳　800円

No.63
自治体の広域連携
佐藤克廣　900円

No.64
分権時代における地域経営
見野全　700円

No.65
町村合併は住民自治の区域の変更である
森啓　800円

No.66
自治体学のすすめ
田村明　900円

No.67
市民・行政・議会のパートナシップを目指して
松山哲男　700円

No.69
新地方自治法と自治体の自立
井川博　900円

No.70
分権型社会の地方財政
神野直彦　1,000円

No.71
自然と共生した町づくり
宮崎県・綾町
森山喜代香　700円

No.72
情報共有と自治体改革
片山健也　1,000円

No.73
地域民主主義の活性化と自治体改革
山口二郎　900円

No.74
分権は市民への権限委譲
上原公子　1,000円

No.75
今、なぜ合併か
瀬戸亀男　800円

No.76
市町村合併をめぐる状況分析
小西砂千夫　800円

No.78
ポスト公共事業社会と自治体政策
五十嵐敬喜　800円

No.80
自治体人事政策の改革
森啓　800円

No.82
地域通貨と地域自治
西部忠　900円（品切れ）

No.83
北海道経済の戦略と戦術
宮脇淳　800円

No.84
地域おこしを考える視点
矢作弘　700円

No.87
北海道行政基本条例論
神原勝　1,100円

No.90
「協働」の思想と体制
森啓　800円＊

No.91
協働のまちづくり
三鷹市の様々な取組みから
秋元政三　700円＊

No.92
シビル・ミニマム再考
松下圭一　900円

No.93
市町村合併の財政論
高木健二　800円＊

No.95
市町村行政改革の方向性
佐藤克廣　800円

No.96
創造都市と日本社会の再生
佐々木雅幸　900円

No.97
地方政治の活性化と地域政策
山口二郎　800円

No.98
多治見市の総合計画に基づく政策実行
西寺雅也　800円

No.99
自治体の政策形成力
森啓　700円

No.100
自治体再構築の市民戦略
松下圭一　900円

No.101
維持可能な社会と自治体
宮本憲一　900円

No.102
道州制の論点と北海道
佐藤克廣　1,000円

No.103
自治基本条例の理論と方法
神原勝　1,100円

No.104
働き方で地域を変える
山田眞知子　800円（品切れ）

No.107
公共をめぐる攻防
樽見弘紀　600円

No.108
三位一体改革と自治体財政
岡本全勝・山本邦彦・北良治・逢坂誠二・川村喜芳　1,000円

No.109
連合自治の可能性を求めて
松岡市郎・堀則文・三本英司・佐藤克廣・砂川敏文・北良治他　1,000円

No.110
「市町村合併」の次は「道州制」か
森啓　900円

No.111
コミュニティビジネスと建設帰農
松本懿・佐藤吉彦・橋場利夫・山北博明・飯野政一・神原勝　1,000円

No.112
「小さな政府」論とはなにか
牧野富夫　700円

No.113
栗山町発・議会基本条例
橋場利勝・神原勝　1,200円

No.114
北海道の先進事例に学ぶ
宮谷内留雄・安斎保・見野全・佐藤克廣・神原勝　1,000円

No.115
地方分権改革の道筋
西尾勝　1,200円

No.116
転換期における日本社会の可能性～維持可能な内発的発展
宮本憲一　1,100円

［TAJIMI CITY ブックレット］

No.2
転型期の自治体計画づくり
松下圭一　1,000円

No.3
これからの行政活動と財政
西尾勝　1,000円（品切れ）

No.4
構造改革時代の手続的公正と第二次分権改革
鈴木庸夫　1,000円

No.5
自治基本条例はなぜ必要か
辻山幸宣　1,000円

No.6
自治のかたち、法務のすがた
天野巡一　1,100円

No.7
自治体再構築における行政組織と職員の将来像
今井照　1,100円（品切れ）

No.8
持続可能な地域社会のデザイン
植田和弘　1,000円

No.9
「政策財務」の考え方
加藤良重　1,000円

No.10
市場化テストをいかに導入するべきか
竹下譲　1,000円

No.11
市場と向き合う自治体
小西砂千夫・稲澤克祐　1,000円

［北海道自治研ブックレット］

No.1
市民・自治体・政治
再論・人間型としての市民
松下圭一　1,200円

No.2
議会基本条例の展開
その後の栗山町議会を検証する
橋場利勝・中尾修・神原勝　1,200円

No.3
福島町の議会改革
議会基本条例＝開かれた議会づくりの集大成
溝部幸基・石堂一志・中尾修・神原勝　1,200円

［地域ガバナンスシステム・シリーズ］

（龍谷大学地域人材・公共政策開発システム・オープン・リサーチセンター（LORC）…企画・編集）

No.1
地域人材を育てる自治体研修改革
土山希美枝　900円

No.2
公共政策教育と認証評価システム
坂本勝　1,100円

No.3
暮らしに根ざした心地よいまち
1,100円

No.4
持続可能な都市自治体づくりのためのガイドブック
1,100円

No.5
英国における地域戦略パートナーシップ
編：白石克孝、監訳：的場信敬
900円

No.6
マーケットと地域をつなぐパートナーシップ
編：白石克孝、著：園田正彦
1,000円

No.7
政府・地方自治体と市民社会の戦略的連携
的場信敬 1,000円

No.8
多治見モデル
大矢野修 1,400円

No.9
市民と自治体の協働研修ハンドブック
土山希美枝 1,600円

No.10
行政学修士教育と人材育成
坂本勝 1,100円

No.11
アメリカ公共政策大学院の認証評価システムと評価基準
早田幸政 1,200円

No.12
イギリスの資格履修制度
資格を通しての公共人材育成
小山善彦 1,000円

No.14
炭を使った農業と地域社会の再生
市民が参加する地球温暖化対策
井上芳恵 1,400円

No.15
対話と議論で〈つなぎ・ひきだす〉ファシリテート能力育成ハンドブック
土山希美枝・村田和代・深尾昌峰
1,200円

No.16
「質問力」からはじめる自治体議会改革
土山希美枝 1,100円

No.17
東アジア中山間地域の内発的発展
日本・韓国・台湾の現場から
清水万由子・＊誠國・谷垣岳人・大矢野修 1,200円

［生存科学シリーズ］

No.2
再生可能エネルギーで地域がかがやく
秋澤淳・長坂研・小林久 1,100円

No.3
小水力発電を地域の力で
小林久・戸川裕昭・堀尾正靭
1,200円＊

No.4
地域の生存と社会的企業
柏雅之・白石克孝・重藤さわ子
1,200円

No.5
地域の生存と農業知財
澁澤栄・福井隆・正林真之 1,000円

No.6
風の人・土の人
千賀裕太郎・白石克孝・柏雅之・福井隆・飯島博・曽根原久司・関原剛
1,400円

No.7
地域からエネルギーを引き出せ！
PEGASUS ハンドブック
監修：堀尾正靭・白石克孝、著：重藤さわ子・定松功・土山希美枝
1,400円

No.8
地域分散エネルギーと「地域主体」の形成
風・水・光エネルギー時代の主役を作る
編：小林久・堀尾正靭、著：独立行政法人科学技術振興機構 社会技術研究開発センター「地域に根ざした脱温暖化・環境共生社会」研究開発領域 地域分散電源等導入タスクフォース
1,400円

No.9
省エネルギーを話し合う実践プラン46
エネルギーを使う・創る・選ぶ
編著：中村洋・安達昇
編者著：独立行政法人科学技術振興機構 社会技術研究開発センター「地域に根ざした脱温暖化・環境共生社会」研究開発領域
1,500円

No.10
お買い物で社会を変えよう！
レクチャー&手引き
編著：永田潤子、監修：独立行政法人科学技術振興機構 社会技術研究開発センター「地域に根ざした脱温暖化・環境共生社会」研究開発領域 1,400円

［都市政策フォーラムブックレット］

No.1
「新しい公共」と新たな支え合いの創造へ
渡辺幸子・首都大学東京 都市教養学部都市政策コース 900円

No.2
景観形成とまちづくり
首都大学東京 都市教養学部都市政策コース
1,000円

No.3
都市の活性化とまちづくり
首都大学東京 都市教養学部都市政策コース
1,100円

［京都府立大学京都政策研究センターブックレット］

No.1
地域貢献としての「大学発シンクタンク」
京都政策研究センター（KPI）の挑戦
編著 青山公三・小沢修司・杉岡秀紀・藤沢実 1,000円

No.2
もうひとつの「自治体行革」
住民満足度向上へつなげる
編著 青山公三・小沢修司・杉岡秀紀・藤沢実 1,000円

【朝日カルチャーセンター 地方自治講座ブックレット】

No.1
自治体経営と政策評価
山本清 1,000円

No.2
ガバメント・ガバナンスと行政評価
星野芳昭 1,000円（品切れ）

No.4
「政策法務」は地方自治の柱づくり
辻山幸宣 1,000円

No.5
政策法務がゆく
北村喜宣 1,000円

【政策・法務基礎シリーズ】

No.1
自治立法の基礎
東京都市町村職員研修所 600円

No.2
政策法務の基礎
東京都市町村職員研修所 952円

【自治体〈危機〉叢書】

2000年分権改革と自治体危機
松下圭一 1,500円

自治体連携と受援力
～もう国に依存できない
神谷秀之・桜井誠一 1,600円

自治体財政破綻の危機・管理
加藤良重 1,400円

住民監査請求制度の危機と課題
田中孝男 1,500円

政府財政支援と被災自治体財政
高寄昇三 1,600円

政策転換への新シナリオ
小口進一 1,500円

政府財政支援と被災自治体財政
東日本・阪神大震災と地方財政
高寄昇三 1,600円

震災復旧・復興と「国の壁」
神谷秀之 2,000円

【私たちの世界遺産】

No.1
持続可能な美しい地域づくり
五十嵐敬喜他 1,905円

No.2
地域価値の普遍性とは
五十嵐敬喜・西村幸夫 1,800円

No.3
世界遺産登録・最新事情
長崎・南アルプス
五十嵐敬喜・西村幸夫 1,800円

No.4
新しい世界遺産の登場
南アルプス［自然遺産］九州・山口［近代化遺産］
五十嵐敬喜・西村幸夫・岩槻邦男・松浦晃一郎 2,000円

〔別冊〕No.1
ユネスコ憲章と平泉・中尊寺供養願文
五十嵐敬喜・佐藤弘弥 1,200円

〔別冊〕No.2
平泉から鎌倉へ
鎌倉は世界遺産になれるか?!
五十嵐敬喜・佐藤弘弥 1,800円

【地方財政史】

高寄昇三著 各5,000円

大正地方財政史・上巻
大正デモクラシーと地方財政

大正地方財政史・下巻
政党化と地域経営
都市計画と震災復興

昭和地方財政史・第一巻
地域格差と両税委譲
分与税と財政調整

昭和地方財政史・第二巻
補助金の成熟と変貌
匡救事業と戦時財政

昭和地方財政史・第三巻
府県財政と国庫支援
地域救済と府県自治

昭和地方財政史・第四巻
町村貧困と財政調整
昭和不況と農村救済

【単行本】

フィンランドを世界一に導いた100の社会改革
編著 イルカ・タイパレ
訳 山田眞知子 2,800円

公共経営学入門
編著 ボーベル・ラフラー
訳 みえガバナンス研究会
監修 稲澤克祐、紀平美智子 2,500円

変えよう地方議会
～3・11後の自治に向けて
編著 河北新報社編集局 2,000円

自治体職員研修の法構造
田中孝男 2,800円

自治基本条例は活きているか?!
～ニセコ町まちづくり基本条例の10年
編 木佐茂男・片山健也・名塚昭 2,000円

国立景観訴訟
～自治が裁かれる
編著 五十嵐敬喜・上原公子 2,800円

成熟と洗練
～日本再構築ノート
松下圭一 2,500円

地方自治制度「再編論議」の深層
監修 木佐茂男
著 青山彰久・国分高史一 1,500円

韓国における地方分権改革の分析～弱い大統領と地域主義の政治経済学
尹誠國　1,400円

自治体国際政策論
～自治体国際事務の理論と実践
楠本利夫　1,400円

自治体職員の「専門性」概念
～可視化による能力開発への展開
林奈生子　3,500円

アニメの像VS.アートプロジェクト～まちとアートの関係史
竹田直樹　1,600円

NPOと行政の《協働》活動における「成果要因」
～成果へのプロセスをいかにマネジメントするか
矢代隆嗣　3,500円

おかいもの革命
消費者と流通販売者の相互学習型プラットホームによる低酸素型社会の創出
編著　おかいもの革命プロジェクト
2,000円

原発再稼働と自治体の選択
原発立地交付金の解剖
高寄昇三　2,200円